Animales del desierto en peligro

TIME FOR KIDS

William B. Rice

Consultores

Timothy Rasinski, Ph.D.
Kent State University

Lori Oczkus
Consultora de alfabetización

Thorsten Pape
Entrenador de animales

Basado en textos extraídos de
TIME For Kids. TIME For Kids y el logotipo
de *TIME For Kids* son marcas registradas
TIME Inc. Utilizados bajo licencia.

Créditos de publicación

Dona Herweck Rice, *Jefa de redacción*
Conni Medina, *Directora editorial*
Lee Aucoin, *Directora creativa*
Jamey Acosta, *Editora principal*
Heidi Fiedler, *Editora*
Lexa Hoang, *Diseñadora*
Stephanie Reid, *Editora de fotografía*
Rachelle Cracchiolo, *M.S.Ed.,*
    Editora comercial

Créditos de imágenes: págs.12–13, 20–21
Alamy; pág.26–27 Tourre Marc/Age Fotostock;
pág.33 (arriba) The Bridgeman Art Library;
pág.57 (abajo) Corbis; págs.40–41 Pablo Cáceres
Contreras/Flickr; pág.21 (abajo) Joseph Brandt/U.S.
Fish and Wildlife Service; pág.22 (búho) John and
Karen Hollingsworth/US Fish & Wildlife Service;
págs.4, 17 (abajo), 22 (encarte), 44–45 Getty
Images; pág.38 (abajo) iStockphoto; págs.52–53, 53
(arriba & abajo) Lochman Transparencies; pág.46
Greg Neise/AFP/Getty Images/Newscom; pág.47
(izquierda) Malcolm Schuyl/FLPA Image Broker/
Newscom; pág.4 Cara Owsley KRT/Newscom;
pág.43 Tui De Roy/Minden Pictures/National
Geographic Stock; págs.42–43 Maria Stenzel/
National Geographic Stock; pág.54 National
Wildlife Federation; págs.8–9, 18, 19 (ilustraciones)
Timothy J. Bradley; pág.9 (encarte) Tom McHugh/
Photo Researchers, Inc.; págs.34–35 Superstock;
pág.57 (centro) University of Pennsylvania; pág.56
IUCN.org; pág.41 (encarte) Alvesgaspar/Wikipedia
[CC-BY-SA]; pág.54 Greenpeace.org; págs.50–51
Martybugs/Wikipedia; pág.57 (arriba) The White
House Historical Association; pág.23 Hollingsworth,
John and Karen/US Fish and Wildlife Service; pág.14
Steve Maslowski/U.S. Fish and Wildlife Service;
todas las demás imágenes son de Shutterstock.

Teacher Created Materials

5301 Oceanus Drive
Huntington Beach, CA 92649-1030
http://www.tcmpub.com

ISBN 978-1-4333-7169-1

© 2013 Teacher Created Materials, Inc.
Printed in China
YiCai.032019.CA201901471

TABLA DE CONTENIDO

Desolación 4

La vida en el planeta 6

En peligro. 10

Desiertos de Norteamérica. 14

Desiertos de África. 24

Desiertos de Asia 34

Desiertos de Sudamérica 40

Desiertos de Australia 46

Dar una mano. 54

Glosario 58

Índice 60

Bibliografía 62

Más para explorar 63

Acerca del autor 64

DESOLACIÓN

Imagina lo siguiente. Comienza un nuevo año escolar. Hay cientos de niños en los vestíbulos y los salones de clase. Todos los escritorios están ocupados. Hay profesores en todos los salones. El director está en la puerta recibiendo y saludando a todos los que llegan. La secretaria está sentada en su oficina. El empleado de limpieza seca un líquido derramado y el bibliotecario coloca libros en los estantes.

A medida que pasa el tiempo, comienzas a notar que hay escritorios vacíos. Luego, ante tu asombro, observas que cada vez son más. Tu profesor preferido ha desaparecido. El director tampoco está por ningún lado. Nadie limpia el líquido derramado. Hay libros apilados por todos lados. Fuera, en las calles, todo está también misteriosamente tranquilo. ¿A dónde fueron todos?

De pronto te das cuenta de la horrible realidad. Las personas están desapareciendo. Cada vez hay menos y menos seres humanos. Tu **especie** se encuentra en **peligro** extremo. Eres uno de los últimos de tu género. ¿Sobrevivirá tu especie? ¿A dónde fueron todos? De pronto te das cuenta de la horrible realidad. Cada vez hay menos y menos seres humanos. Tu especie está en peligro y eres uno de los últimos de tu género.

Los seres humanos tienen suerte. Esto no está ocurriendo realmente. Pero en todo el mundo, los animales están amenazados. Ellos se enfrentan a este escenario día a día.

PARA PENSAR

- ¿Qué animales llaman al desierto su hogar?

- ¿De qué modos están en peligro?

- ¿Cómo podemos ayudar a proteger a los animales del desierto y sus hogares?

LA VIDA EN EL PLANETA

Vivimos en un mundo hermoso lleno de diversas formas de vida. Aquí coexisten plantas, animales, insectos y **hongos**. Y dependen unos de otros.

Una especie es un tipo de forma de vida. Los tigres, las ballenas azules y los sauces son todas distintas especies. En la historia de la Tierra han existido millones de especies. Estas especies vivieron en el transcurso de cientos de millones de años. Florecieron de maneras diferentes en diferentes épocas.

Los seres humanos son apenas una de los millones de especies que hay en la Tierra.

tigre siberiano

arce

¡Montones de criaturas!

¡Los científicos estiman que en la Tierra hay más de 1,700,000 tipos de **organismos**! Entre ellos, hay más de 300,000 tipos de plantas diferentes, más de 60,000 tipos de animales, más de 1,000,000 de tipos de insectos y más de 50,000 tipos de hongos, líquenes y organismos similares.

7

EXTINCIONES MASIVAS

En la Tierra hubo muchos grandes cambios que hicieron que muchas formas de vida desaparecieran. Los científicos creen que han habido al menos cinco **extinciones masivas** en la Tierra. ¿Por qué ocurrieron? Algunas fueron provocadas por una **catástrofe** repentina que afectó al mundo entero. Por ejemplo, es posible que un asteroide haya chocado contra la Tierra. Otra causa podría haber sido erupciones volcánicas grandes y **continuas** en todo el mundo. O podría haber bajado mucho el nivel de los mares. Una causa probable también es un calentamiento o enfriamiento global continuo.

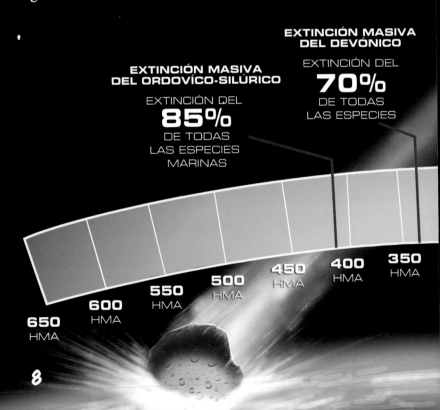

EXTINCIÓN MASIVA DEL DEVÓNICO

EXTINCIÓN DEL

70%

DE TODAS LAS ESPECIES

EXTINCIÓN MASIVA DEL ORDOVÍCO-SILÚRICO

EXTINCIÓN DEL

85%

DE TODAS LAS ESPECIES MARINAS

650 HMA

600 HMA

550 HMA

500 HMA

450 HMA

400 HMA

350 HMA

Renacer de las cenizas

¿Puede una especie renacer de las cenizas? En realidad no, pero a veces las personas se equivocan y piensan que una especie está extinta cuando en realidad no es así. Se pensaba que el celacanto se había extinguido hace 65 millones de años. Pero en 1938, se encontró un celacanto vivo frente a la costa sudafricana. Esta es una de varias especies que se creían extintas y luego se descubrió que aún existían.

celacanto

EXTINCIÓN MASIVA DEL PÉRMICO TRIÁSICO

EXTINCIÓN DEL

70%

DE TODAS LAS ESPECIES

EXTINCIÓN MASIVA DEL TRIÁSICO-JURÁSICO

EXTINCIÓN DEL

50%

DE TODAS LAS ESPECIES

EXTINCIÓN MASIVA DEL CRETÁCICO-TERCIARIO

EXTINCIÓN DEL

75%

DE TODAS LAS ESPECIES

300 HMA
250 HMA
200 HMA
150 HMA
100 HMA
50 HMA

HOY

(HMA = Hace Millones de Años)

9

EN PELIGRO

Hoy en día, las catástrofes naturales no parecerían ser el mayor peligro que corren los seres vivos de la Tierra. El mayor peligro son los seres humanos. De hecho, muchos animales como el guacamayo rojo cubano se extinguieron debido a la caza o a la destrucción de sus **hábitats**.

Muchas especies tienen una alta probabilidad de extinguirse. Por ahora, son especies en peligro. Pero corren peligro de desaparecer para siempre. Siempre hay motivos para ello. Nada sucede "porque sí". A medida que los científicos estudian a los animales, intentan determinar dos cuestiones fundamentales. ¿Es probable que se extingan? ¿Qué habría que hacer para que una especie vuelva a ser saludable?

El majestuoso gorila de montaña africano corre un gran peligro de extinción. Es uno de los muchos animales del mundo en peligro y hay que protegerlo.

guacamayo rojo

Extinción local

Cuando una especie deja de existir en una zona en la que solía encontrarse pero todavía hay ejemplares en otros lugares, se dice que fue **extirpada**. Con frecuencia, la extirpación es una señal de advertencia de que una especie podría estar en peligro de extinción, si bien no siempre es así. A veces, la extirpación es el resultado de una catástrofe local. Por ejemplo, algunas especies locales desaparecieron cuando el monte Santa Helena hizo erupción en 1980.

El lobo gris fue extirpado de muchas zonas de Estados Unidos.

La Lista roja

Hay muchos grados de peligro y, por lo tanto, muchos grados de preocupación. La Unión Internacional para la **Conservación** de la Naturaleza (UICN) es un grupo que se dedica a encontrar soluciones para los problemas ambientales. La UICN ha creado categorías de amenazas a las especies llamada la Lista roja de especies amenazadas de la UICN. Los diferentes grados de amenaza ofrecen a los animales diferentes grados de protección.

Lista roja de la UICN

Extinta (EX)	Extinta en estado silvestre (EW)	En peligro crítico (CR)	En peligro (EN)	Vulnerable (VU)
No hay individuos de esta especie vivos.	Los únicos individuos vivos de esta especie están en cautiverio o existen únicamente cuando se los reubica en zonas que no son sus hábitats naturales.	En estado silvestre, la especie corre un riesgo sumamente alto de extinguirse.	En estado silvestre, la especie corre un riesgo muy alto de extinguirse.	En estado silvestre, la especie corre un alto riesgo de extinguirse.

Amenazados

El mayor riesgo lo corren las especies amenazadas. Las especies amenazadas se dividen en las siguientes categorías: en peligro crítico, en peligro y vulnerables. La UICN y otras organizaciones trabajan duro para proteger a las especies amenazadas.

Casi amenazada (NT)	Preocupación menor (LC)	Datos insuficientes (DD)	No evaluado (NE)
Es probable que la especie esté en peligro en el futuro cercano.	La especie corre un riesgo bajo o no corre riesgo de estar en peligro. La especie está extendida y abunda en la naturaleza.	No hay suficientes datos para determinar el riesgo de extinción de la especie.	No se ha evaluado la especie en cuanto a su riesgo de extinción o de estar en peligro.

DESIERTOS DE NORTEAMÉRICA

Norteamérica es el hogar de algunos de los desiertos más hermosos del mundo. El desierto Pintado, en Arizona, es conocido por sus hermosos colores. Otros desiertos son admirados por sus flores únicas. Pero a pesar de su belleza, estos lugares no son seguros para las criaturas amenazadas que viven allí.

《 vireo de Bell

Los vireos son *insectívoros*. Estos pájaros comen insectos y sabandijas como saltamontes, escarabajos, polillas, y orugas. Incluso pueden picotear las sabandijas de las plantas mientras están en pleno vuelo.

VIREO DE BELL

En algún momento, este pequeño pájaro cantor vivía en los desiertos de California. Ahora, apenas unos pocos vireos de Bell sobreviven para entonar su canción. Este pequeño pájaro podría acurrucarse con comodidad en la mano de un hombre. Pero ahora está en problemas debido al desarrollo humano en su **territorio**. Debido a esta pérdida y a la **ocupación** de sus territorios por parte de garrapateros más grandes, estos pájaros estaban desapareciendo. ¿La buena noticia? Gracias a los esfuerzos de los seres humanos la situación se está revirtiendo.

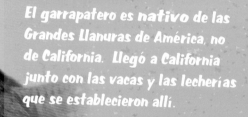

El garrapatero es nativo de las Grandes Llanuras de América, no de California. Llegó a California junto con las vacas y las lecherías que se establecieron allí.

garrapatero

Atrapar a los garrapateros

Los garrapateros ponen sus huevos en los nidos de los vireos. Los garrapateros jóvenes son más fuertes que los vireos y pueden echarlos fuera del nido. Para ayudar al vireo, las personas construyen jaulas especiales para atrapar a los garrapateros.

15

TORTUGA DEL DESIERTO DE MOJAVE

Este reptil con caparazón tiene un color que va del verde al marrón oscuro. La tortuga del desierto de Mojave tiene escamas afiladas, parecidas a garras, en las patas delanteras que puede usar para cavar. Cava una madriguera submarina para escapar del calor del verano y del frío del invierno.

Las tortugas del desierto de Mojave están en peligro por muchos motivos. Principalmente, sufren debido a la pérdida de su hábitat. También se las captura ilegalmente como mascotas **exóticas**. Y las enfermedades están causando su **disminución**. La cantidad de estos animales ha bajado hasta un 90 por ciento desde la década de 1980.

La palabra *tortuga* se usa para referirse a todos los reptiles que tienen un caparazón similar. Se usa tanto para los reptiles de ese tipo que viven en la tierra como para los que viven en el agua.

Datos sobre la tortuga

Estas tortugas llegan a medir 14 pulgadas de largo y unas 6 pulgadas de alto, y pueden pesar hasta 15 libras. La tortuga es herbívora, es decir, come pasto, pequeñas plantas y cactus. ¡Las tortugas pueden sobrevivir un año o más sin agua! También viven entre 80 y 100 años.

Las tortugas pasan la mayor parte del tiempo en sus madrigueras. Hibernan en invierno.

17

Tortugas amenazadas

Las tortugas del desierto de Mojave no son las únicas tortugas en problemas. Muchas enfrentan el peligro de extinción. Los **activistas** del desierto de Sonora intentan proteger a la tortuga del desierto de Sonora. Trabajan para lograr que el gobierno tome medidas e incluya a la tortuga del desierto de Sonora en la lista de animales en peligro. Algunas ya están siendo protegidas.

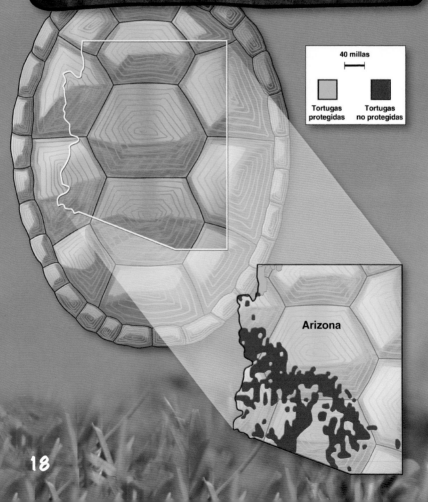

40 millas

Tortugas protegidas

Tortugas no protegidas

Arizona

- ¿Cuán grande es la zona que muestra este mapa?

- ¿Dónde se ubican las tortugas del desierto de Sonora?

- ¿Por qué crees que se presta tanta atención a las tortugas?

CÓNDOR DE CALIFORNIA

El cóndor de California es el pájaro más grande de Norteamérica. ¡Sus alas tienen una extensión de casi 10 pies! En general, sus plumas son negras, con parches blancos bajo las alas. La cabeza no tiene plumas.

En el siglo xx, la cantidad de cóndores disminuyó. El pájaro casi se extinguió debido a la **caza furtiva**, el envenenamiento y la destrucción de su hábitat. En un momento quedaban solo 22 cóndores, todos en cautiverio. Ahora hay más de 380 cóndores. Casi 200 de ellos están en estado silvestre.

Dependiendo de su estado de ánimo, la piel de la cabeza del cóndor toma un color que va del amarillo al rojo brillante. Esto les ayuda a comunicarse.

Amenazas tóxicas

Los cóndores estaban expuestos a dos fuentes de veneno. El envenenamiento por plomo provenía de los animales de los que se alimentaban. Cuando los seres humanos mataban animales con armas de fuego y los dejaban abandonados, los cóndores se los comían, con balas y todo. El plomo de las balas envenenaba a los cóndores. El clorofenotano también era una amenaza. Este es un **pesticida** muy dañino que ya no se usa debido a sus terribles consecuencias. Sin embargo, durante mucho tiempo provocó la muerte de muchos seres vivos, incluidos los cóndores.

De alto vuelo

¡Los cóndores pueden volar a una velocidad de hasta 55 millas por hora y a una altura de 15,000 pies! También pueden viajar hasta 160 millas por día buscando comida. Una vez en el aire, los cóndores pueden planear durante horas sin agitar las alas ni una vez.

Los cóndores pueden vivir hasta 60 años.

Construyen sus nidos en las salientes de los acantilados o en cuevas en lugares altos.

BÚHO MANCHADO MEXICANO

Al igual que la mayoría de los búhos, el búho manchado mexicano es un cazador **nocturno**. Se posa encima de su presa. Y luego, de repente, se abalanza sobre ella con sus garras afiladas.

El búho manchado mexicano castaño y blanco es muy raro. Pero los pocos que existen están diseminados en una gran zona que va desde México hasta el norte de Estados Unidos. Este pájaro está amenazado principalmente por la pérdida de su hábitat. Los seres humanos y otras especies de búhos están ocupando su territorio. Este pequeño búho está desapareciendo rápidamente. Hoy en día hay poco más de 2,000 ejemplares de este pájaro una vez tan común.

Palmoteador de Yuma

El palmoteador de Yuma es un pájaro que vive parte del año en las marismas del río Colorado. Construye su nido en las aneas y junqueras de los humedales. Pero está en peligro debido a la pérdida del hábitat. Los seres humanos han construido presas para desviar las aguas, lo que ha provocado que se sequen las zonas donde los pájaros anidaban.

Pérdida del hábitat

Los humanos, las sequías y los cambios climáticos están destruyendo muchas selvas vírgenes, que son también el entorno preferido de los búhos manchados mexicanos.

Los ojos de la mayoría de los búhos son de un color que va del amarillo al naranja rojizo. Los búhos manchados son de los pocos búhos con ojos oscuros.

DESIERTOS DE ÁFRICA

África está llena de criaturas que no se encuentran en ningún otro lugar de la Tierra. Lamentablemente, demasiadas están amenazadas. Estos animales necesitan nuestra ayuda.

ADDAX

El **ágil** addax es un tipo de antílope que vive en el desierto del Sahara. Es de color marrón grisáceo o blanco, según la época del año. Su cabeza tiene parches claros que forman una *X* encima de la nariz. Y tienen dos largos cuernos en forma de espiral arriba de los ojos.

El addax está en peligro debido a la caza. Su cuero y su carne son muy codiciados. Otras amenazas incluyen las largas sequías y la destrucción del hábitat. Los científicos creen que actualmente hay menos de 500 addaxes en estado silvestre.

Los addaxes desarrollan cuernos largos en forma de espiral que usan para defenderse.

En algún momento, el addax se encontraba en todo el norte de África y en el Oriente Medio. En la actualidad, solo se pueden encontrar en unas pocas dunas remotas.

GACELA BLANCA

La veloz gacela blanca se encuentra en zonas remotas del desierto del Sahara. Sus grandes pezuñas le ayudan a correr con rapidez y facilidad en la arena. Le cuesta más correr en suelo firme. La gacela tiene más actividad temprano en la mañana y al caer el sol debido al calor del desierto. Obtiene la mayor parte del agua que consume del rocío y el agua de las plantas.

Quedan menos de 2,500 gacelas en estado silvestre. Están en peligro porque han sido cazadas por deporte. Sus cuernos se han convertido en trofeos para los cazadores. También están perdiendo su hábitat debido al desarrollo humano.

La gacela blanca también se conoce con el nombre gacela de Loder.

Estadísticas de las especies

¿Cómo determinan las autoridades cuando una especie está en peligro crítico, en peligro o en situación vulnerable? Observan los números. Cuando ha desaparecido más del 90 por ciento de la población de una especie, se considera que la misma está en peligro crítico.

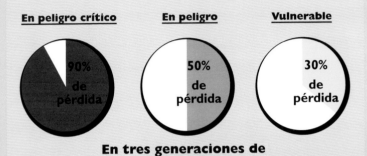

En peligro crítico

90% de pérdida

En peligro

50% de pérdida

Vulnerable

30% de pérdida

En tres generaciones de una especie

El pelaje claro de la gacela blanca refleja los rayos del sol y ayuda a que el animal se mantenga fresco.

Desiertos en peligro

No solo los animales del desierto están en peligro de extinción. Los propios desiertos están en peligro. ¿Cuál es la principal amenaza para los desiertos? Los seres humanos. Abajo hay algunas de las formas en que los humanos afectan a los desiertos.

Minería

Los desiertos son el hogar de plantas y animales, pero también tienen recursos preciosos como petróleo y oro. La minería puede dañar el suelo con productos químicos venenosos.

Desechos nucleares

Dado que están tan aislados, los desiertos se han utilizado como zonas de prueba de **armas nucleares**. Los desechos de estas pruebas han dañado las plantas, los animales y el suelo de estos desiertos.

Desarrollo

A medida que la población humana crece, buscamos nuevas zonas para construir nuestros hogares. Edificios y hormigón podrían reemplazar las arenas del desierto. Los prolíficos desiertos pueden convertirse con rapidez en lugares sin vida.

Vehículos fuera de las rutas

A las personas les encanta explorar estas tierras hermosas. Pero cuando los vehículos se salen de las rutas establecidas, pueden matar las hierbas y las pequeñas plantas que protegen el suelo. Esta pequeña capa verde es importante en el **ecosistema** desértico y, si se daña, puede llevar mucho tiempo en volver a crecer.

29

RINOCERONTES NEGROS

Los rinocerontes negros en realidad son de color gris, marrón o incluso blanco. ¡Su gran cuerpo pesa alrededor de 3,000 libras y mide 12 pies de largo! En el pasado, enormes cantidades de rinocerontes deambulaban por el sur de África. Lamentablemente, hoy en día solo viven alrededor de 4,000.

El rinoceronte está en peligro debido a la caza furtiva. Sus cuernos son muy codiciados para hacer mangos de cuchillos y otras artes. Algunas personas también creen que tienen poderes medicinales.

¡El regreso!

El rinoceronte blanco sureño es el único rinoceronte que se ha recuperado luego de casi extinguirse. A principios del siglo XX había menos de 20 rinocerontes blancos. Pero gracias a los esfuerzos para protegerlos y conservarlos, ¡hoy el número llega a casi 20,000!

¡El rinoceronte negro, también llamado rinoceronte de labio ganchudo, tiene un labio superior en forma de gancho que usa como una mano para tomar la comida!

Conservacionistas astutos

¿Cómo prevenir la caza furtiva? ¿Qué tal cortarles los cuernos antes de que lo hagan los cazadores? Algunos conservacionistas usan dardos **tranquilizantes** para hacer dormir a los rinocerontes. Luego, los conservacionistas les cortan los cuernos. Los rinocerontes viven, ya que los cazadores furtivos no los matan porque no tienen cuernos. Tal vez no sea la mejor solución, pero ayuda a que las poblaciones de rinocerontes aumenten.

GUEPARDO

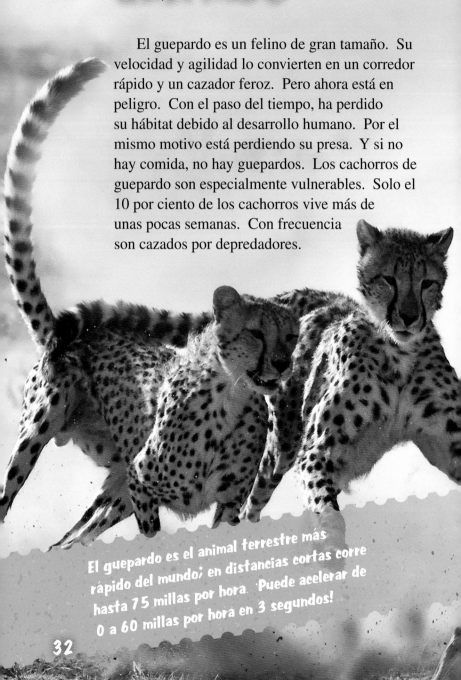

El guepardo es un felino de gran tamaño. Su velocidad y agilidad lo convierten en un corredor rápido y un cazador feroz. Pero ahora está en peligro. Con el paso del tiempo, ha perdido su hábitat debido al desarrollo humano. Por el mismo motivo está perdiendo su presa. Y si no hay comida, no hay guepardos. Los cachorros de guepardo son especialmente vulnerables. Solo el 10 por ciento de los cachorros vive más de unas pocas semanas. Con frecuencia son cazados por depredadores.

El guepardo es el animal terrestre más rápido del mundo; en distancias cortas corre hasta 75 millas por hora. ¡Puede acelerar de 0 a 60 millas por hora en 3 segundos!

Los antiguos egipcios y persas tenían a los guepardos como mascotas y los entrenaban para cazar.

¡Glotones!

Los guepardos deben comer rápido o podrían quedarse sin comer. Los depredadores les roban la comida casi la mitad de las veces. En esos casos, el guepardo prefiere alejarse de una amenaza en vez de correr el riesgo de lastimarse en una lucha.

DESIERTOS DE ASIA

Los desiertos de Asia son extensiones de tierras salvajes azotadas por el viento. Los visitantes quedan impresionados con las maravillosas vistas y los maravillosos animales que hay allí. Lamentablemente, demasiados de estos animales enfrentan la extinción.

El caballo takhi mide poco más de 50 pulgadas de alto y casi 7 pies de largo. Pesa alrededor de 650 libras.

El takhi se considera el último de los caballos salvajes.

TAKHI

El takhi es un tipo de caballo salvaje raro. Vive en zonas de Asia central. En un momento estuvo extinto en estado silvestre. Pero ha regresado a su hábitat nativo.

En un momento, había solo 31 takhis en cautiverio. Hoy en día, hay poco más de 1,500, de los cuales 250 están en estado silvestre. Todos los takhis que existen en la actualidad son **descendientes** de los que estaban en cautiverio.

El takhi también se conoce con el nombre de caballo de Przewakski. *Takhi* es el nombre mongol, que significa "sagrado".

CAMELLO BACTRIANO SALVAJE

El camello bactriano es uno de los dos tipos de camellos que hay en el mundo. Se conoce por las dos jorobas que tiene en el lomo; es nativo de Asia central.

Los camellos han sido **domesticados** durante miles de años. Principalmente han sido usados como bestias de carga, para transportar personas y cosas. Pero algunos camellos viven en estado silvestre. Hoy en día, hay apenas unos 950 camellos silvestres. Han sido cazados muchísimo para obtener su piel y su carne. También deben competir con otros animales para obtener agua y plantas para comer.

¡Puede sobrevivir tomando agua incluso más salada que el agua del mar! Los camellos domesticados no toleran el agua salada.

Protección

Las gruesas pestañas del camello ayudan a proteger los ojos de las tormentas de arena, tan comunes en el lugar donde vive. También puede angostar las narinas hasta convertirlas en pequeñas grietas para que no entre la arena.

El camello bactriano salvaje es uno de los mamíferos más raros del mundo.

Este camello vive en algunas de las condiciones más extremas del mundo. Sobrevive inviernos gélidos y veranos sumamente calurosos.

ÓRIX DE ARABIA

El órix de Arabia tiene un pelaje blanco y grandes rayas negras en el cuello y la cabeza. Tiene la fabulosa habilidad de detectar cuando va a llover y se dirige hacia allí. En estado silvestre, recorre zonas enormes para satisfacer su sed.

A principios de la década de 1970, el órix casi se extinguió debido a la caza. Pero las personas han ayudado a que haya más cantidad. Hoy en día, nuevamente vive en estado silvestre.

El órix de Arabia también se conoce con el nombre de órix blanco.

El órix de Arabia tiene largos cuernos de hasta 30 pulgadas de largo, levemente curvos.

Fue el primer animal al que se asignó el estatus de vulnerable nuevamente luego de haberse considerado una especie extinta en estado silvestre. En la actualidad, hay más de 1,000 de estos animales en estado silvestre y más de 6,000 en cautiverio.

DESIERTOS DE SUDAMÉRICA

En Sudamérica se encuentran algunos de los lugares más secos de la Tierra. Lamentablemente, estas zonas únicas están perdiendo algunos de sus animales más interesantes. Estos animales están siendo amenazados.

El picaflor de Arica siempre ha tenido una distribución limitada, es decir, que siempre ha vivido en una zona relativamente pequeña. Este hecho hace que hoy en día sea más vulnerable.

PICAFLOR DE ARICA

El picaflor de Arica es el ave más pequeña de Chile. Es un tipo de colibrí. Mide apenas tres pulgadas de largo y tiene un pico corto y delgado.

Al igual que muchos otros animales en peligro, se ve afectado por la pérdida del hábitat. Muchas de sus tierras nativas han sido destinadas a la agricultura. Se cree que hoy en día existen apenas unos 1,200 de estos pequeños pájaros.

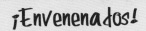
mosca de la fruta ›

¡Envenenados!

Los pesticidas son productos químicos utilizados por los granjeros para controlar los insectos y otras pestes que dañan a las plantas. En la década de 1960, la afluencia de moscas mediterráneas de la fruta generó a los granjeros una gran preocupación. Pero los pesticidas utilizados para eliminarlas probablemente también pusieron en peligro al picaflor de Arica.

HUEMUL

El huemul vive en los Andes. Tiene un cuerpo robusto y patas cortas, un físico adecuado para el duro terreno. Si bien en algún momento fueron muy comunes, hoy en día hay muy pocos huemules. Están perdiendo su hábitat natural. También están en peligro debido a los cazadores furtivos y a los animales no nativos que se comen su comida. Las especies no nativas también podrían ser la razón por la que los huemules están teniendo menos crías y viven menos que antes.

El huemul también se conoce como *venado andino*.

Familias cada vez más reducidas

En el pasado, los huemules vivían en grupos de hasta 100 ejemplares. Hoy en día, los grupos pueden ser muy pequeños, de hasta dos o tres huemules.

POR LA RAZON O LA FUERZA

El huemul aparece en el escudo nacional de Chile.

Taruca

La taruca es muy parecida al huemul, pero vive en las montañas del norte. También se la conoce como *huemul del norte*.

43

PUMA ANDINO

Este pequeño gato montés vive en la Cordillera de los Andes. Se cree que hoy en día existen menos de 2,500. El puma es de color gris plata, con manchas y rayas oscuras. Parece una versión más pequeña del leopardo de las nieves. El puma está en peligro porque su hábitat se ha **deteriorado**. Los pumas que quedan viven muy lejos unos de otros. Pero las especies que viven juntas en grandes cantidades sobreviven mejor que las que están divididas.

El puma andino es muy raro, y se sabe muy poco sobre él. Buena parte de lo que sabemos sobre él se aprendió al estudiar su piel, por la que con frecuencia se lo mata.

Chinchillas

Durante mucho tiempo, la chinchilla ha sido cazada para obtener su piel. Dado que es una de las principales fuentes de alimento del puma andino, su disminución ha afectado el suministro de alimento para el puma.

Competencia

El gato de las pampas es un felino que vive en la misma zona que el puma andino. Caza y vive casi de la misma manera. Estos felinos compiten entre sí para sobrevivir. Casi siempre están en una competencia diaria para vivir.

DESIERTOS DE AUSTRALIA

Australia es conocida por sus hermosas costas y también por su vasto y remoto *outback*. La vida allí no es fácil. Algunos animales están en graves problemas.

El canguro rata colipeludo es un primo lejano del canguro, y al igual que este, lleva a sus crías en una bolsa.

CANGURO-RATA COLIPELUDO

En otras épocas, el canguro-rata colipeludo (*woylie*) podía encontrarse en casi toda Australia. Hoy en día, solo se encuentra en tres pequeñas zonas que abarcan menos del uno por ciento del territorio. Actualmente hay alrededor de 6,000 canguro-rata colipeludos.

Después de que se los consideró una especie en peligro, la cantidad de canguro-rata colipeludos aumentó a más de 40,000. Pero luego volvió a disminuir. Es posible que la causa haya sido alguna enfermedad. El canguro-rata colipeludo está en peligro debido a la pérdida de su hábitat, consecuencia de la agricultura. También hay especies no nativas, como el zorro rojo, que cazan a este animal para alimentarse.

Cavar para obtener comida

El canguro-rata colipeludo tiene una dieta inusual para un mamífero. Puede comer plantas, semillas e insectos, pero en general come hongos subterráneos. Cava la tierra con sus fuertes garras para obtener los hongos.

zorro rojo >

WOMBAT DEL NORTE

En algún momento vivió por toda Australia. Pero ahora vive en una zona muy pequeña. Es probable que existan apenas poco más de 100 ejemplares. Los perros salvajes se los están comiendo. El hábitat del wombat del norte ha sido ocupado por pastos no nativos. Su fuente de alimento está desapareciendo. Al igual que el wombat del norte.

El wombat del norte mide aproximadamente 3 pies de largo y pesa 70 libras.

Usa sus garras largas y fuertes para cavar y hacer su madriguera. Su bolsa se abre hacia abajo para proteger a las crías de la tierra cuando cava.

El wombat del norte también se conoce como wombat de nariz peluda del norte.

La nariz sabe

La nariz del wombat del norte es importante para su supervivencia. Tiene una visión muy mala, por lo que huele la comida en la oscuridad.

NUMBAT

El numbat, de cara puntiaguda y cola peluda, en algún momento vivía en casi toda Australia. Hoy en día, vive solo en zonas muy pequeñas. Solo hay dos grupos de numbats en estado silvestre. El zorro rojo europeo se introdujo en Australia en el siglo xix. Desde entonces, el zorro ha cazado al numbat y lo ha puesto en peligro. Los incendios también amenazan al numbat. Sin embargo, la conservación está ayudando a recuperarlo. El numbat es el animal oficial de Australia Occidental.

El numbat es pequeño y tiene un color grisáceo o marrón rojizo. Mide alrededor de 18 pulgadas de largo, incluida la cola, y pesa poco más de una libra.

Principalmente come termitas con su lengua larga y pegajosa. ¡Puede comer hasta 20,000 termitas por día!

¡Cuidado!

Las especies no nativas casi siempre dañan el entorno natural de una zona. Nunca deben introducirse plantas y animales no nativos debido al daño que provocan a las formas de vida nativas.

zorro rojo europeo

DJOONGARI

En otras épocas, el djoongari se encontraba en casi toda Australia Occidental. Pero en el siglo XIX, los europeos ingresaron animales no nativos, como felinos y zorros. Pronto, el djoongari estaba en peligro. La agricultura y la ganadería también les quitaron buena parte de su hábitat. Hoy en día, solo se encuentra en pocos lugares. Gracias a las tareas de conservación, el animal ha subido de categoría y se considera vulnerable. El acceso público a estas criaturas es limitado. Esto ayuda a protegerlas de los observadores curiosos o descuidados.

El bigotudo djoongari también se conoce como *ratón bastardo peludo*.

El djoongari come flores y plantas, pero cuando su comida preferida, las flores, no está disponible también come insectos y arañas.

A estos pequeños animales les gusta vivir en las dunas que están en la base de los acantilados. Cavan túneles y hacen senderos en la vegetación para moverse con facilidad.

garra del ratón bastardo peludo

DAR UNA MANO

    ¿Puedes hacer algo para ayudar a los animales en peligro? ¿Deberías intentarlo? La respuesta a ambas preguntas es sí. Sabemos que las especies se relacionan entre sí. La desaparición de una podría afectar a muchas otras. ¡Incluidas las personas! Si las personas hacen algo que daña a una especie, se destruye el equilibrio de la naturaleza. Y en el proceso, las personas se dañan a sí mismas.

La *National Wildlife Federation* es una de muchas organizaciones dedicadas a proteger a los animales.

Ayudar

Habla con tu familia sobre las organizaciones (como la que figura arriba) dedicadas a proteger el medio ambiente y a ayudar a recuperar a los animales amenazados o en peligro. Ponte en contacto con estas organizaciones para ver cómo puedes ayudar.

GREENPEACE

Entonces, ¿qué puedes hacer?

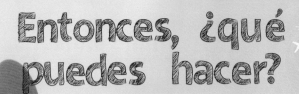

Proteger el medio ambiente

Recuerda siempre las tres R: reducir, reutilizar, y reciclar. Poner en práctica las tres R ayuda mucho al medio ambiente y a las especies de animales.

Proteger los hábitats

Puedes plantar flores para atraer abejas o colocar una casa para pájaros con comida para ayudar a los pájaros locales.

¿Quiénes hacen la diferencia?

Muchas personas en todo el mundo trabajan para proteger a las especies en peligro y sus entornos. Algunos fueron los primeros héroes del movimiento. Otros todavía van a la vanguardia. Conoce quiénes son. ¡Tal vez tú también desees unírteles!

Unión Internacional para la Conservación de la Naturaleza (UICN)

Esta organización internacional se dedica a buscar soluciones para los apremiantes desafíos ambientales. Publica la Lista roja de especies amenazadas de la UICN, donde figuran las especies en peligro del mundo entero. La UICN apoya la investigación científica en todo el mundo. También ayuda a que los gobiernos se unan para encontrar maneras de resolver los problemas que enfrenta el medio ambiente y sus especies.

Hacer la diferencia

Theodore Roosevelt

El presidente Theodore Roosevelt apreciaba muchísimo la naturaleza. Le alarmaba cada vez más el daño que sufría la tierra y la vida silvestre. Como presidente, creó el Servicio Forestal de Estados Unidos y estableció 51 reservas de aves federales, 4 reservas de caza nacionales, 150 bosques nacionales y 5 parques nacionales. También protegió alrededor de 230 millones de acres de tierras públicas. Se le recuerda principalmente como el presidente conservacionista.

Loren Corey Eiseley

Loren Corey Eiseley fue un profesor que enseñó en varias universidades en el siglo XX. Estudió y escribió sobre muchas cosas, incluidas la ciencia y la naturaleza. Era un escritor reconocido que ayudaba a influir en la opinión pública. En su trabajo se puede observar su gran aprecio por el medio ambiente.

Aldo Leopold

Aldo Leopold era profesor y escritor. Se le conoce por su libro *A Sand County Almanac* (Almanaque del Condado Arenoso), una colección de ensayos donde destaca la responsabilidad de las personas sobre el lugar en donde viven. Se han vendido más de dos millones de copias de este libro. Leopold tuvo una gran influencia en la creación de la **ética ambiental** y la preservación de las zonas en estado virgen. Enfatizó la importancia de la **biodiversidad** y de observar a los ecosistemas como un todo.

GLOSARIO

activistas: personas que actúan con fines políticos

ágil: rápido y bien coordinado

armas nucleares: dispositivos explosivos sumamente poderosos

biodiversidad: los diversos tipos de vida en una zona determinada, como un ecosistema, un bioma o un planeta

catástrofe: un hecho grave e importante con consecuencias dañinas

caza furtiva: matanza ilegal de un animal, en general para obtener una ganancia

conservación: protección de especies animales y vegetales y del medio ambiente

continuas: sin interrupción

descendientes: hijos, nietos y bisnietos, etc. de una persona o animal

deteriorado: en peor estado o de menor valor

disminución: reducción en número

domesticados: criados para vivir en paz con las personas, en general a su servicio

ecosistema: todas las plantas, animales y demás elementos de una zona en particular

en peligro: amenazadas y en riesgo de extinción

especie: un grupo de animales específico con características comunes

ética ambiental: razones morales para proteger el medio ambiente

exóticas: que no pertenecen a una zona en particular

extinciones masivas: disminuciones dramáticas y desapariciones generalizadas de muchas especies de animales y plantas en una zona muy grande del planeta

extirpada: extinta en una zona, pero que todavía existe en otras

hábitats: entornos naturales en los que se vive

hongos: grupo de organismos que incluye setas, mohos y levaduras

insectívoros: animales que comen insectos

nativo: que pertenece naturalmente a una zona

nocturno: activo durante la noche

ocupación: invasión del territorio de otro

organismos: seres vivos

pesticida: sustancia utilizada para matar pestes

territorio: zona que utiliza y defiende un animal o un grupo de animales

tranquilizante: fármaco utilizado para reducir la ansiedad y la actividad muscular

ÍNDICE

A Sand County Almanac
(Almanaque del Condado
Arenoso), 57
activistas, 18
addax, 24–25
África, 24–25, 30
amenazados, 4, 13, 40, 54
antílope, 24
arce, 7
Arizona, 14, 18
armas nucleares, 28
Asia, 34–36
Australia Occidental, 50, 52
Australia, 46–48, 50
ballenas azules, 6
búho manchado mexicano, 22
caballo de Przewalski, 35
California, 15, 20
camello bactriano, 36–37
canguro, 46
canguro-rata colipeludo,
46–47
catástrofe, 8, 11
cazadores furtivos, 31, 42
celacanto, 9
chichilla, 45
Chile, 41, 43
clorofenotano, 20
colibrí, 41
cóndor de California, 20

cóndores, 20–21
conservación, 12, 50, 52
Cordillera de los Andes, 44
crías, 42, 46, 48
depredadores, 32-33
desierto de Sonora, 18–19
desierto del Sahara, 24, 26
desierto Pintado, 14
djoongari, 52
ecosistema, 29
egipcios, 33
Eiseley, Loren Corey, 57
en peligro crítico, 12–13, 27
enfermedades, 16
Estados Unidos, 11,12
europeos, 52
extinción, 10, 11, 13, 18, 28
extirpación, 11
gacela blanca, 26–27
gacela de Loder, 26
garrapateros, 15
gato de las pampas, 45
gorila de montaña africano,
10
Grandes Llanuras, 15
guacamayo rojo, 10–11
guepardo, 32–33
herbívora, 17
hongos, 6–7, 47
huemul del norte, 43

huemul, 42–43

insectívoros, 14

leopardo de las nieves, 44

Leopold, Aldo, 57

líquenes, 7

Lista roja de especies amenazadas de la UICN, 56

lobo gris, 11

México, 22

mongol, 35

monte Santa Helena, 11

moscas mediterráneas de la fruta, 41

nativo, 15, 35–36, 41–42, 51

nativos, 42, 47–48, 51–52

Norteamérica, 14, 20

numbat, 50

ocupación, 15

Oriente Medio, 25

órix blanco, 38

órix de Arabia, 38–39

outback, 46

palmoteador de Yuma, 22

persas, 33

pesticida, 20

picaflor de Arica , 40–41

productos químicos, 28, 41

puma andino, 44–45

ratón bastardo peludo, 52–53

rinoceronte blanco, 30

rinoceronte de labio ganchudo, 31

rinoceronte negro, 31

río Colorado, 22

Roosevelt, Theodore, 57

sauces, 6

Servicio Forestal de Estados Unidos, 57

Sudamérica, 40

takhi, 34–35

taruca, 43

Tierra, 6–8, 10, 24, 40

tigres, 6

tigre siberiano, 7

tortuga del desierto de Mojave, 16, 18

Unión Internacional para la Conservación de la Naturaleza (UICN), 12, 56

venado andino, 42

vireo de Bell, 14–15

vulnerable, 12–13, 27, 32, 39, 52

wombat, 49

wombat de nariz peluda, 49

wombat del norte, 48–49

zorro rojo, 47, 50–51

BIBLIOGRAFÍA

Bradley, Timothy. *Danger in the Desert.* **Teacher Created Materials, 2012.**

La vida en los desiertos de la Tierra lleva a los seres vivos al límite de la supervivencia. El desierto es un entorno hostil e implacable. Cada gota de agua es preciosa. Conoce las fantásticas plantas del desierto y los animales asombrosos que no derrochan ni una gota. Nunca se sabe si podría ser la última.

Mackay, Richard. *The Atlas of Endangered Species: Revised and Updated.* **University of California Press, 2008.**

Es asustador pensar que para el año 2030, la Tierra podría perder el 20 por ciento de sus especies. En este libro se observan con más profundidad muchos de los ecosistemas afectados por esta temible estadística. Encontrarás muchos mapas en colores y fotografías detalladas.

Radley, Gail. *Vanishing from Grasslands and Deserts.* **Carolrhoda Books, 2001.**

Descubre más sobre 10 criaturas del desierto cuyas vidas corren peligro. Explora a cada criatura mediante un ensayo, un poema, un hecho clave y una ilustración realista. Incluso aprenderás qué se está haciendo para ayudar a estos preciosos animales.

Wright, Alexandra. *Will We Miss Them? Endangered Species.* **Charlesbridge Publishing Incorporated, 1991.**

Conocerás 21 especies de animales en peligro y amenazados a través de pinturas hermosas y poemas de gran intimidad. También encontrarás actividades para hacer en casa e información sobre organizaciones a las que puedes apoyar.

MÁS PARA EXPLORAR

World Wildlife Fund
http://www.worldwildlife.org/species

Descubre qué está haciendo el *World Wildlife Fund* para proteger a muchos de los animales en peligro de la Tierra. En este sitio encontrarás mucha información sobre cada animal.

Earth's Endangered Creatures
http://www.earthsendangered.com

¿Cuántas criaturas hay en la lista de especies en peligro? En este sitio hay una lista de cada uno de los animales en peligro. Puedes hacer una búsqueda alfabética por nombre, por región del mundo o por tipo de animal, como por ejemplo mamíferos.

Numbat
http://www.perthzoo.wa.gov.au/animals-plants/australia/australian-bushwalk/numbat

¿Te gustaría saber más sobre el numbat? En el sitio web del Zoológico de Perth encontrarás muchos datos sobre estas lindas pequeñas criaturas. Puedes ver cómo se alimenta a las crías de numbat con la mano y una colección de imágenes de los numbat huérfanos bien de cerca.

Wild Bactrian Camel
http://www.arkive.org/wild-bactrian-camel/camelus-ferus

El camello bactriano salvaje está en peligro crítico. Aquí aprenderás más sobre este animal raro y fascinante a través de fotografías e información sobre su hábitat, las amenazas que enfrenta y los esfuerzos realizados para su conservación.

ACERCA DEL AUTOR

William B. Rice se crió en Pomona, California, y se graduó en Geología en la Universidad Estatal de Idaho. Trabaja en una agencia del estado de California que lucha por proteger la calidad de los recursos de agua superficiales y subterráneos. Proteger y preservar el medio ambiente es importante para él. William está casado, tiene dos hijos, y vive en el sur de California.